48

Ⅰb 2/5
A.

MARSEILLE,

NIMES

ET SES ENVIRONS

EN 1815.

Marseille, Nîmes et ses environs en 1815 ; par Charles Durand, avocat, témoin oculaire ; 1 vol. in-8°, seconde partie, avec le portrait du fameux Trestaillon. Prix 2 fr.

Idem, troisième partie, dédiée à M. Benjamin-Constant ; 1 vol. in-8°. Prix 2 fr.

Les Crimes d'Avignon pendant les cent jours ; par un Vauclusien. Prix 2 fr.

Les Evénemens d'Avignon ; par un témoin oculaire ; pour faire suite à l'ouvrage intitulé : *Les Crimes d'Avignon depuis les cent jours ;* précédé d'une Notice biographique sur le maréchal Brune. Prix 2 fr.

Pour paraître incessamment.

Les Consciences des Gens de Lettres d'à-présent, avec des tableaux composés de colonnes indiquant le degré de conscience, le degré de talent, et le degré d'esprit ; 1 vol. in-8°.

Aix-la-Chapelle, ses Reliques, et le Congrès. Cet ouvrage paraîtra par cahiers de cinq à six feuilles, tout le temps que durera le Congrès. On se fait inscrire, *sans rien payer d'avance*, chez Plancher, libraire, rue Poupée, n°. 7.

Le succès de ces deux ouvrages n'est pas douteux.

MARSEILLE,
NIMES

ET SES ENVIRONS

EN 1815;

Par Charles DURAND, Avocat,

TÉMOIN OCULAIRE.

PREMIÈRE PARTIE.

Quæque ipse miserrima vidi.

SECONDE ÉDITION, CORRIGÉE.

A PARIS,

Chez PLANCHER, Libraire, rue Poupée, n°. 7.

1818.

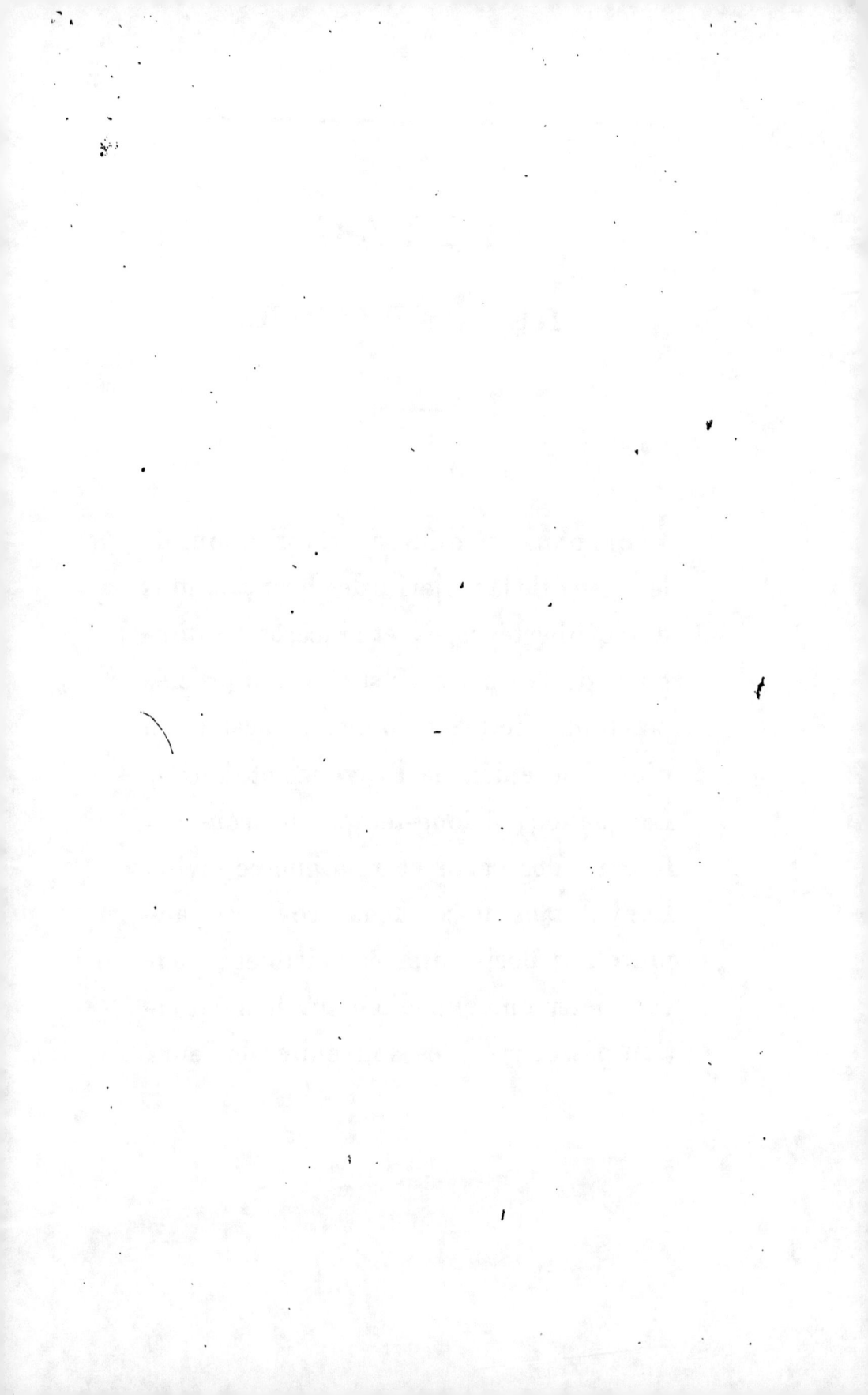

PRÉFACE

DE L'AUTEUR.

———

L'ORDONNANCE du 5 septembre a comblé les vœux de la majorité des Français amis d'une liberté sage , et sincères admirateurs de la Charte. Justement appréciée par-tout , cette Ordonnance l'est bien plus encore dans la Provence et dans le Languedoc, si long-temps en proie aux fureurs des partis et à la guerre civile. Les habitans de ces deux provinces , aujourd'hui florissantes et paisibles , peuvent jeter un coup-d'œil sur leur situation passée ; et les souvenirs de leurs malheurs doublent pour eux le prix d'une aussi douce sécurité. Quelle est la cause d'un contraste si étonnant? Qui put exciter jadis tant de désordres, et quelle main bienfaisante a fait cesser tout-à-coup, et comme par miracle, les fléaux destructeurs qui ont désolé le midi de la France? La haine cherche des prétextes, et l'on ignore trop souvent la source du mal qu'elle couvre des voiles du mystère. Mais avide de connaître la main réparatrice qui ferme ses plaies, l'homme découvre sans peine d'où partent les bienfaits; et ici mille voix se sont élevées pour rendre grâce à l'Ordonnance du 5 septembre.

Que le Roi, que ses ministres jouissent de leur plus bel ouvrage; et que le gouvernement ne cesse point de sourire aux bénédictions que lui attirent de toutes parts les efforts de sa surveillance et de sa protection, heureuses pour tous, inappréciables pour les malheureux.

J'entre dans quelques détails sur les troubles du Midi ; je me serais bien gardé de publier ces Notes dans un temps où il existait encore la moindre apparence de désordre. J'ai cru le pouvoir faire sans peine, aujourd'hui que les scènes que je retrace sont éloignées de nous pour toujours. Rappeler les souvenirs du naufrage quand on a trouvé le bonheur au port, ce n'est que rendre hommage à ceux qui ont su nous en délivrer. Ce sera le seul tribut que je paierai à celui des ministres qui a mis un terme à notre infortune, et dont les habitans du Midi ne prononcent le nom qu'avec la plus vive reconnaissance. Ce n'est que sous un Roi juste et réparateur que l'on peut sans crainte s'entretenir des maux causés par la discorde et l'intolérance ; comme c'était sous un gouvernement ami de la paix et de la liberté, que Tacite, l'effroi des tyrans, osait s'écrier en frémissant du passé :

Nunc tandem redit animus !

MARSEILLE,
NIMES
ET SES ENVIRONS
EN 1815.

CHAPITRE PREMIER.

État de Marseille avant le 25 juin. — Portrait du maréchal Brune.

Le Midi de la France a été témoin des scènes les plus déplorables, des catastrophes les plus sanglantes ; entreprendre de les retracer toutes , serait une tâche trop grande et trop difficile pour moi. La haine, le fanatisme et l'esprit de parti, murmureront assez de ce que je vais dévoiler. Mais comme j'ai pris la vérité pour guide, je suis résolu à ne rien dire dont je n'aie été témoin moi-même, et que je ne puisse soutenir et prouver devant les tribunaux. C'est ce qui doit m'excuser aux yeux du lecteur sur la forme que je donne à cet Ouvrage. On y trouvera seulement le récit de ce qui m'est arrivé pendant les troubles de Marseille et de Nîmes ; mais en connaissant mon histoire, on saura celle de plusieurs milliers de Fran-

1

çais, tous innocens et persécutés (1) comme moi.

J'habitais Marseille à l'époque du débarquement de Napoléon. Je fus témoin de l'impression que cette nouvelle produisit sur tous les cœurs. La garde nationale demanda à marcher. Le maréchal Masséna le permit, mais trop tard. De violens soupçons planèrent sur lui ; ils n'ont pu s'éclaircir dans la suite, malgré l'acharnement impitoyable que quelques hommes mirent à troubler les derniers jours de ce vieux guerrier. On connaît l'arrivée de Bonaparte à Paris ; Marseille se soumit comme la France entière : le prince d'Esling fut rappelé à la capitale ; et le maréchal Brune, qui vint prendre le commandement du 6e. corps d'observation, établit son quartier général à Marseille, et gouverna la Provence jusqu'à son départ pour la frontière.

Il est peu de villes où l'opinion soit aujourd'hui plus universellement favorable aux Bourbons que Marseille. Je dis aujourd'hui, parce que l'on sait fort bien qu'il n'en fut pas de même dans tous les temps. Soit résignation, soit faiblesse ou lâcheté, les Marseillais virent, sans le moindre murmure, flotter sur leurs monumens le drapeau tricolore, et renfermèrent leurs sentimens en attendant une occasion plus favorable pour les manifester. Aucun acte arbitraire de la part de l'autorité, aucunes menaces, aucune rixe entre les habitans et les militaires, ne

_____

(1) Persécutés par des vengeances particulières, jamais par le gouvernement.

troublèrent la paix de cette ville. Jamais révolution ne fut si douce ni si facile. Que n'en fût-il de même de celle qui devait suivre peu de temps après !

M..... et moi , nous résolûmes d'adresser au chef du gouvernement qui venait de s'établir , un Mémoire sur les opinions des habitans du Midi , dans lequel nous attaquions , j'ose le dire , avec assez de courage , les abus du régime impérial.

Notre but étoit d'excuser cette fureur que les Marseillais avaient mise à poursuivre Napoléon , par le tableau des maux qu'ils avaient soufferts sous son règne , et de détourner par-là de cetteville un courroux qui pouvait être , pour elle , la source des plus grands maux. Telle fut notre intention ; le Mémoire existe, elle s'y montre à découvert. Eh bien ! tel fut aussi notre titre à l'inimitié , à la rage des habitans de Marseille. On sait quel fut notre crime , on apprendra bientôt quelle en devait être la punition.

M. le comte Frochot était alors préfet des Bouches-du-Rhône ; ce magistrat nous pria de lui confier une copie de notre Mémoire , et nous félicita ensuite sur les sentimens d'humanité qui nous l'avaient dicté : *Vos réflexions sont justes* , nous dit-il ; *mais je crains bien qu'elles ne soient vaines ; on gagne peu à montrer du courage à Napoléon ; il fait toujours ce qu'il veut , et jamais ce qu'on lui conseille.*

Le maréchal Brune nous fit appeler chez lui , et nous dit : «Le ministre paraît satisfait d'un Mémoire » que vous avez adressé à l'empereur. Apportez-le-

» moi ce soir à six heures ». Nous n'y manquâmes pas.

Voilà , nous dit-il , après l'avoir lu , *un ouvrage dont les pensées annoncent d'excellens citoyens. Il me semble , seulement , que vous avez trop tonné contre la conscription.* » Cette remarque ne nous surprit point de la part d'un militaire.

Le Maréchal nous invita à l'aller voir tous les soirs. Nous nous rendîmes à son invitation , et cette assiduité qu'autorisaient la douceur et l'affabilité de ses manières , nous attira de sa part une confiance à laquelle nous dûmes la connaissance exacte de son caractère et de ses intentions.

La vie du maréchal , les torts qu'on lui a imputés , sa fin tragique dont on ignore les motifs , que je ferai bientôt connaître , m'autorisent à entrer ici dans quelques détails. Sa taille était haute , et sa tournure imposante ; des cheveux gris ornaient les deux côtés de sa tête chauve ; sa figure était belle , et son air annonçait la plus grande franchise. Doué de qualités plus solides que brillantes , il possédait une grande érudition , et nous le surprîmes plusieurs fois , dans ses momens de loisir , un Tacite ou un Horace à la main. Je ne dirai rien de sa gloire. Les plaines de la Hollande (1) se souviendront long-temps des batailles de Harlem et Bakkum , et nos Français compteront toujours au nombre de leurs plus glorieuses journées

(1) On vient de mettre en vente , chez PLANCHER, libraire, la Campagne de Hollande ; 1 vol. in-8. orné de cartes ; prix , 6 fr.

celle où, sous ses ordres, ils entrèrent en triomphe dans Berne, pour y proclamer la république helvétique.

On a beaucoup calomnié le maréchal Brune ; la haine et la fureur des partis, qui n'épargnent pas plus les morts que les vivans, l'ont présenté aux yeux de la France comme un homme avide de carnage et de déprédations : Que les Marseillais, qui lui ont prodigué l'outrage, nous citent aujourd'hui les victimes de sa cruauté ! C'est de très-près que nous avons pu observer ses actions et écouter ses confidences ; pas un homme, pas un seul citoyen ne fut privé de la liberté par ses ordres. Les prisons restèrent vides sous son gouvernement, et pourtant on l'insultait chaque jour, et ses proclamations déchirées n'offraient plus que son nom seul, que l'on couvroit de fange et d'ordures.

Quelle était la cause de ces insultes ? quelle fut celle de sa fin, si tragique et si digne d'attendrir les cœurs les plus barbares ? un bruit répandu à dessein dès son arrivée. Je ne sais quel auteur, rapportant les massacres du 2 septembre et la mort de l'infortunée princesse de Lamballe, avait dit : « Quelques personnes ont cru reconnaître dans l'homme qui portait la tête au bout d'une pique, le général Brune déguisé. » Cette accusation si atroce, si dénuée de tout fondement, fut saisie avec une telle avidité, que le maréchal recevait chaque jour un grand nombre de lettres anonymes qui le menaçaient d'un sort

pareil à celui de la princesse. Il voyait dans ces im-
putations le désir de le peindre aux yeux du peuple
comme un homme odieux ; mais il ne pouvait croire
qu'on ajoutât foi à une pareille absurdité. C'est dans
cette position que, péniblement tourmenté par les
outrages dont il était la victime, et laissant dans sa
douleur éclater toute la bonté de son âme, il nous
disait : « On égare le peuple, on le trompe sur mon
» compte, et les agitateurs se multiplient chaque
» jour. Comment faire ? Je sais qu'en faisant
» tomber la tête de quelques-uns d'entr'eux, je ré-
» tablirai tout-à-coup la tranquillité publique ; mais
» j'aime mieux employer la douceur ; j'ai pour prin-
» cipe qu'il vaut mieux ramener les têtes que de les
» couper, et qu'il vaut mieux sur-tout passer pour
» un homme faible que pour un buveur de sang. »
Voilà quel était l'homme que l'on s'obstine à dé-
peindre comme un scélérat. Tout le monde sait à
quoi s'en tenir sur le crime atroce dont on l'accusait.
Cette imputation lui a pourtant coûté la vie ; et qui
ne frémit pas en songeant à toute l'ignominie de sa
mort ! Je reviens à mon sujet.

Deux fois, sous le gouvernement des cent jours,
la tranquillité publique fut troublée à Marseille, et
elle le fut deux fois de la même manière. Les officiers
de la garnison se réunissaient dans un café de la
place Necker, et y chantaient des chansons ana-
logues aux circonstances. On les attaqua en cassant
les vitres avec des pierres qui en atteignirent quel-

ques-uns. Ils sortirent, crièrent aux armes ; les habitans répondirent par le même cri : on battit la
générale, de nombreuses patrouilles furent faites,
et le commandant de la place parvint à calmer les
esprits et à rétablir la tranquillité, sans qu'il y eût
personne de blessé.

Le jour du champ-de-mai, l'ordre fut donné d'il-
luminer généralement et d'arborer un drapeau tricolor aux croisées. Le plus grand nombre des habitans ne se conforma point au vœu de l'autorité. Les
officiers, irrités de cette désobéissance, se portèrent
à des excès coupables. Mais ces excès, que je blâme,
n'aboutirent qu'à casser les carreaux des maisons
non illuminées, et à forcer ainsi les propriétaires à
se conformer aux ordres qu'ils avaient reçus.

Telles ont été les vexations dont les Marseillais(1)
se sont plaints dans la suite. La mort seule de ces
officiers et de leurs soldats, bien innocens, pouvait
seule satisfaire leur vengeance ; malheur à eux, s'il
arrivait un jour où la fortune cessât de leur sourire !
Ce jour fatal n'est que trop arrivé.

_____

(1) Je dis *Marseillais*, pour distinguer les habitans de la ville des
militaires, et me garde bien de les ranger tous dans la classe des
auteurs du trouble.

~~~~~~

CHAPITRE II.

Troubles et massacres du 25 juin.

Tranquilles depuis quelque temps, parce qu'ils commençaient à désespérer de la cause royale, les Marseillais ne provoquaient plus le courroux des militaires, et semblaient se résigner à leur sort. Le maréchal Brune avait quitté Marseille pour aller prendre le commandement du corps d'observation confié à ses ordres. Les premiers succès de notre armée dans les plaines de Fleurus semblaient confirmer l'espérance de nos soldats, quand la nouvelle subite et imprévue de la bataille de Watterloo vint détruire cette illusion, et allumer le terrible incendie qui devait dévorer tant d'innocens et tant de braves.

On était au 25 juin; aucune nouvelle n'avait fait présager notre défaite, et ce jour, qui était un dimanche, n'offrit rien de remarquable dans la matinée. Vers le milieu du jour, un bruit sourd se répandit dans la ville; le silence des chefs, l'inquiétude des militaires, la joie des habitans de Marseille, tout annonçait qu'une grande nouvelle allait éclater, et l'on semblait en prévoir d'avance les résultats. Un homme, mieux instruit sans doute que ses com-

patriotes, arrache sa cocarde tricolore et la foule aux
pieds au cri de *vive le Roi !* Les soldats irrités le saisissent et veulent l'emmener au corps-de-garde. La
garde nationale s'y oppose. On s'observe, on semble
prêt à se mesurer ; d'autres cris s'élèvent, les soldats
sont entourés, des coups de fusil se font entendre ;
plusieurs ont déjà mordu la poussière, et l'on pro-
clame de bouche en bouche les revers de l'armée
française et le triomphe des alliés. Le général Ver-
dier, qui commandait la place, monte à cheval et veut
haranguer le peuple. Il fait enlever d'un café le buste
de Bonaparte, qui est livré à la multitude. A cette
action imprudente, la populace, certaine de ce qu'elle
désire, se porte à l'hôtel-de-ville pour enlever le drapeau tricolor. Il devient la proie des flammes, et le
pavillon sans tache qui le remplace semble annoncer
qu'un gouvernement paternel succède et que les
troubles sont finis. Mais les vengeances particulières
ne sont pas satisfaites. Le sang a coulé à peine, et il
en faut encore pour assouvir la soif de ces barbares.
On bat la générale, le tocsin sonne. Des hommes
avides de pillage se précipitent en foule dans la ville,
dont la population s'augmente de celle de tous les
villages voisins. Français contre Français brûlent de
se détruire, ou plutôt un parti seul veut anéantir
l'autre, et l'air retentit des cris de fureur de la multitude. Officiers et soldats, tout est égorgé sans pitié : la rage est à son comble ; le sang français coule
sans s'arrêter, il coule au nom du plus clément des

monarques , au nom du petit-fils d'Henri IV , et les
scènes les plus déplorables se succèdent tout-à-coup
avec une effrayante rapidité.

La garde nationale , dont plusieurs membres
pourtant se plurent à exciter le carnage , se com-
porta généralement bien. Des officiers et des soldats
sauvés de la fureur de la populace trouvèrent un asile
dans les corps-de-garde , où plusieurs gardes nationaux surent les protéger et les défendre. Gloire à ces
hommes de bien ! que mille grâces leur soient rendues ! Ils nous ont montré seuls dans ce jour d'horreur , que le caractère français n'était pas éteint dans
toutes les âmes.

Dès l'origine du tumulte , M . . . . et moi nous des-
cendîmes dans la ville , où nous fûmes témoins de
cette agitation et de ces troubles menaçans. Igno-
rant encore quelle en était la cause , nous rencontrâmes dans la rue de Noailles notre ami G... qui jusqu'à ce jour nous avait paru sincèrement attaché. Eh
bien , lui dis-je , quelle nouvelle ? — Bonne pour moi,
mauvaise pour vous. Je vous conseille de vous retirer. — Etonné de ce langage, et commençant à craindre , nous revenions sur nos pas ; lorsqu'il ajouta en
m'adressant la parole : *Des troubles vont éclater dans
la ville ; on sait que vous alliez souvent chez Bruné :
vos voisins ne vous aiment guère ; réfugiez-vous à la
campagne.* Je voulus parler , il me tourna le dos.

Eclairé sur les sentimens de ce jeune homme que
j'avais cru mon ami, je demeurai atterré, lorsque le

bruit qui commençait à s'accroître nous avertit de songer à notre salut. Nous gagnâmes ma demeure, située au bout des allées de Meilhan. Mon épouse se disposait à sortir. Nous avons des sujets de crainte, lui dis-je, il faut nous retirer à la campagne. — Chez qui ? — Où le sort nous conduira ; marchons. Elle prenait son chapeau. Je le lui fis laisser. Il importait qu'on crût que nous n'étions instruits de rien, et que nous n'allions que dans le voisinage. Cette précaution nous sauva ; nous apprîmes le lendemain qu'on ne nous aurait point laissé sortir, si on avait soupçonné notre fuite.

Nous marchions au hasard, et nous entendions derrière nous des coups de fusil dans toute la ville. Nous trouvâmes sur le chemin des soldats qui volaient au secours de leurs camarades ; le lendemain on nous apprit qu'ils n'avaient pas dépassé la barrière !...

Nous songeâmes à un brave militaire qui, retiré des affaires de ce monde, ayant quitté le service depuis quelque temps, habitait la campagne auprès du village de Saint-Just ; ce fut chez lui que nous dirigeâmes nos pas. Capitaine, lui dis-je, on s'égorge à la ville, nous sommes poursuivis et sans asile ; nous venons nous jeter dans vos bras. « Bien, mes enfans, » nous répondit-il, j'aime cette confiance ; venez, je » ne me suis jamais mêlé de rien, et l'on ne peut pas » m'en vouloir ; on ne viendra pas vous chercher » ici. » Cet accueil nous toucha, et quand j'y pense aujourd'hui même, quand je songe à l'état où nous étions, au danger qu'il courait, à la franchise de son offre, je sens un regret bien pénible de ne pouvoir rien faire pour reconnaître un si grand bienfait.

Le capitaine avait à la ville des amis qui, en arrivant successivement chez lui, nous rendirent compte de tous les détails de cette épouvantable journée. Le massacre des Mameloucks avait été général, un grand nombre de militaires avaient été tués, plusieurs maisons pillées; des cadavres gissaient çà et là dans les rues et sur les places. Mon voisin, le savant et respectable M. Anglès, entraîné à quelques pas de sa maison, avait péri dans des tourmens inouis. La fureur des bourreaux ne semblait point encore être rassasiée. Ce fut ainsi que s'écoula la journée du dimanche, qui ne devait pas être la plus terrible pour nous.

CHAPITRE III.

Suite du précédent.

———————

La nuit fut calme, mais nos esprits agités ne purent goûter le sommeil : nos dames reposaient sur un
lit de campagne , M.... et moi étions en sentinelle
pour nous défendre, si l'on venait piller ; nous attendîmes ainsi le lendemain.

Aussitôt que le jour parut , nous délibérâmes sur
ce que nous avions à faire : je conseillai de gagner ,
par des chemins détournés , la ville d'Aix , où nous
avions des connaissances , afin de prendre là une
voiture pour Nîmes, où demeurait ma famille. Ma
femme ne fut point de cet avis. Il faut , dit-elle , que
je retourne à la ville pour faire nos malles , ou au
moins une , car nous n'avons rien : envoyons au
village , on nous dira si les troubles d'hier ont cessé
à Marseille. Malgré la nouvelle favorable qu'on
nous apporta , que le calme était rétabli , nouvelle
à laquelle j'avais peine à croire intérieurement , je
m'obstinais à ne point vouloir laisser partir ma femme
sans l'accompagner. Sa mère, qui nous avait suivis,
et nos amis , blâmèrent mon projet , et il fallut consentir à son départ pour la ville. J'ignore, lui dis-je
alors , jusqu'à quel point sont fondées les nouvelles.

rassurantes que l'on vient de nous donner , mais je n'ai qu'un mot à te dire : il est sept heures , une heure te suffit pour aller à Marseille , une autre heure pour faire la malle , une troisième pour revenir ; j'en mets une de plus : si à onze heures tu n'es pas rendue ici , je croirai que tu as été la victime de ces monstres , et j'agirai en conséquence. Eh bien , soit , répondit-elle avec fermeté (pensant avec raison , d'ailleurs , qu'il lui fallait bien moins de temps pour tout achever). Si à onze heures je ne suis point revenue , je te permets de me croire morte , et d'agir comme ta tête te conduira. Il entrait un peu de raillerie dans sa réponse ; je n'y fis aucune attention. Un sentiment pénible me tourmentait , je frémis en la quittant , et j'attendis son retour dans de violentes angoisses. D'autres personnes qui venaient se réfugier dans la campagne , m'apprirent que le tumulte , loin de cesser , avait augmenté , et que les rues étaient de nouveau jonchées de cadavres ; j'appris qu'on avait été plusieurs fois me chercher chez moi ; je pensai aux dangers que courait ma femme , j'attendis onze heures , et me flattais à chaque instant de la voir paraître... Rien. Midi , une heure s'écoulent... Rien. Il faut être dans une situation pareille pour se peindre toute l'étendue de mon désespoir !...

Un homme peu suspect , touché de ma situation , descendit à la ville , et se présenta chez moi. On l'empêcha d'entrer. Deux corps morts étaient étendus devant ma porte. Un drap de lit ensanglanté les couvrait; il n'avait point osé le soulever... Il m'apporta cette horrible nouvelle !

Presque certain alors du malheur que je redoutais le plus au monde, je pris le parti de me rendre moi-même à la ville, pour m'assurer de la vérité. M.... voulut y aller avec moi. En traversant le village de Saint-Just, nous vîmes une foule de paysans dans la principale rue; ils étaient tous armés de sabres et de fusils, et paraissaient, pour la plupart, avoir appartenu aux compagnies franches que l'on avait levées quelque temps auparavant. (1)

Notre air, notre tournure, tout fut bien examiné. On se parlait bas, et nous entendions prononcer le mot de *castaniers* (2), par lequel on désignait les bonapartistes; aucune insulte pourtant, aucunes menaces ne se firent entendre. Nous allions du côté de la ville, et il n'était point à présumer que nous fussions des fuyards. Quelques jeunes paysans se rendaient aussi à Marseille. Des rideaux, des flambeaux, des bijoux qu'ils portaient avec eux, nous prouvèrent qu'ils venaient de piller une maison de campagne (3). Plusieurs avaient des fusils. Je fis remarquer à mon ami une tache de sang que l'un d'eux

---

(1) Ce n'est pas qu'il n'y eût de très-honnêtes gens dans ces compagnies franches ; mais elles se ressentaient de la précipitation avec laquelle on les avait formées.

(2) Les châtaignes viennent à Marseille de la Corse; le nom de *castaniers* désigne les partisans du Corse.

(3) C'était celle de l'inspecteur aux revues R.....

avait à son pantalon sur la cuisse droite, le jeune
homme vit que nous y portions les yeux, et se mit
à rire !... Arrivés près de la barrière, nous rencontrâmes une femme de ma connoissance qui fut fort
étonnée de nous voir. Gardez-vous bien d'avancer,
nous dit-elle, le massacre est horrible; il est encore
plus affreux qu'hier. Ma femme! m'écriai-je, en
avez-vous des nouvelles? — Non, monsieur, j'ai
voulu frapper à votre porte, et l'on m'a menacée.
L'on m'a demandé si je savais où était *l'ami du
coquin de Brune, qu'on lui ferait passer le goût du pain.*

Forcés de revenir sur nos pas, toujours dans la
plus cruelle incertitude, nous repassâmes encore
dans le village de Saint-Just, pour regagner la maison
de campagne du capitaine. Cette fois, les paysans ne
se continrent plus, et nous accompagnèrent avec
des imprécations horribles : Tuons-les, tuons-les!
s'écriait-on de toutes parts. Notre sang-froid les
étonna. Nous vantâmes notre royalisme, que nous
aurions été bien fâchés de posséder au même degré
qu'eux, et nous sortîmes sains et saufs de leurs
mains.

Quand nous rentrâmes chez le capitaine, M... re-
marqua sur mon visage une pâleur et une altération
extraordinaires. Le moment du danger n'était rien
pour moi; mais l'idée de ne plus revoir mon épouse,
la crainte qu'elle n'eût été assassinée abattait mon
courage, et me désespérait. Mon ami me pressa de
me reposer un moment pour reprendre des forces.

Nous aurons peut-être bientôt des nouvelles, me di-
sait-il ; ne nous décourageons pas. Je ne lui répon-
dais rien, et assis sur un sopha j'étais plongé dans
une morne douleur. Mes idées se portaient toutes sur
ma femme que je croyais égorgée. Mes yeux étaient
secs, et mon sang agité bouillonnait avec force dans
mes veines.

J'étais ainsi plongé dans une pénible rêverie,
lorsque M.... qui était sorti un instant, rentra en s'é-
criant : *Ils sont là !* Je me précipitai vers la fenêtre,
et j'aperçus réellement des hommes armés qui esca-
ladaient le mur et entraient dans le jardin. Gagner
une porte de derrière, la refermer sur nous, fran-
chir un chemin, sauter dans une vigne voisine, et
nous tapir sous les sarmens couverts de feuilles, tout
cela fut fait en deux minutes. La maison que nous
venions de quitter et que l'on avait indiquée comme
un refuge de bonapartistes, fut cernée ; j'ignore encore si on la pilla. Quoi qu'il en soit, les paysans armés parurent un moment après sur le chemin que
nous avions traversé. Ils jetèrent les yeux de tous
côtés, ne se doutant point que nous étions couchés
sous les pampres à cinq ou six pas, et que nous ob-
servions leurs mouvemens. Ma rage égalait ma douleur. J'avais deux pistolets à deux coups, j'étais dis-
posé à ne pas leur donner lâchement ma vie.

Quand ils se furent éloignés, nous réfléchîmes sur
notre situation. Nous ne pouvions plus retourner
chez le capitaine ; il s'était sauvé lui-même. Errans

dans la campagne et sans asile, nous devenions trop suspects. Pour aller à Marseille, il fallait traverser le village de Saint-Just, où l'on nous avait déjà menacés. Quel parti prendre? Nous hésitons au milieu de tant de dangers, lorsque des cris que nous entendîmes dans une terre voisine vinrent ajouter à l'horreur de notre situation. Le niveau de la terre d'où partaient ces cris était beaucoup plus bas que le chemin où nous étions; le mur, assez élevé, nous dérobait les objets; mais nous entendîmes distinctement la voix d'un malheureux expirant sous les coups de quelques hommes. Notre cœur fut glacé d'effroi. C'était la première victime dont j'entendais les derniers soupirs. J'en ai vu périr bien d'autres depuis!

Je dis à M.....: J'aime autant renoncer à la vie que de demeurer plus long-temps dans l'état où je suis. Je vais traverser de nouveau le village; si les hommes armés y sont encore, je m'exposerai seul à leurs coups, ou je gagnerai la ville. Attends-moi dans ce lieu; s'ils n'y sont plus, je viendrai te reprendre. Il me tendit la main; nous connaissions le danger; nous nous embrassâmes, et nous nous dîmes adieu!

Je pars, j'aperçois ces brigands, et me dirige vers eux en chantant; ils me saisissent au collet, et j'en vois deux me coucher en joue.....

~~~~~~

CHAPITRE IV.

Troubles et massacres le 26 juin.

———

S'IL est un moment dans ma vie où j'ai crié *vive le Roi*, sans mettre à ce cri l'enthousiasme qu'il semble demander, c'est certainement celui où je me trouvais alors. Railler, rire, affecter une tranquillité et une sécurité parfaites en voyant la mort d'aussi près, n'est pas, je crois, peu de chose. J'échappai encore à ce danger; mais j'étais si décidé à ne plus repasser dans le village, que je me serais plutôt brûlé la cervelle avec les pistolets que je portais sur moi.

Cependant aucun chemin latéral ne m'était ouvert; en prenant la résolution de ne plus revenir à Saint-Just, je prenais celle de rentrer à Marseille, et ce n'était pas facile. Quelques troupes ayant la cocarde blanche se croisaient sur le chemin. On m'apprit que le danger d'entrer dans la ville était plus grand que jamais. Je résolus d'attendre la nuit en me promenant, afin d'entrer à la faveur de l'obscurité. Une des patrouilles m'avertit alors que j'étais suspect en rôdant ainsi sur la route, et me signifia l'ordre de me retirer ou à la ville, dont j'avais des nouvelles si alarmantes, ou au village où l'on avait voulu m'assassiner. Une auberge s'offrit à mes yeux sur ma droite; j'attendis, en feignant d'obéir, que la troupe fût un peu éloignée, et j'entrai dans une chambre où l'on me servit de la bière, espérant toujours que je verrais passer quelque personne de ma connaissance. Je regardais de temps en temps par la croisée, lorsque j'aperçus sur le chemin mon ami M.... qui, en se glissant au milieu d'une bande assez nombreuse de pillards, était parvenu à traverser le village sans être remarqué; je l'appelai, il monta. Nous nous consultâmes, et mîmes notre dernier espoir dans mon beau-frère que j'avais fait avertir par la personne que j'avais rencontrée sur le chemin. Après trois heures d'attente, je le vis paraître sur la route, et le fis monter. Le jour commençait à baisser. Il nous prit chacun sous un bras; son habit de garde national nous protégeait : quelques rues détournées nous conduisirent jusques chez lui. La ville était plus calme, le carnage était sur le point de finir.

L'homme qui n'a jamais connu les périls ou la douleur, ignore tout l'excès du sentiment que l'on éprouve en se voyant délivré du danger, et réuni aux objets chéris que l'on croyait avoir perdus. Ma femme, menacée, insultée, maltraitée, à cause de ce que l'on appelait *mon opinion* (1), avait été sauvée par

(1) Je prie le lecteur de ne pas oublier que mon seul crime avait été d'aller souvent chez le maréchal Brune.

mon beau-frère, et ce fut chez lui que je la retrouvai. Je ne suis point éloquent, il faudrait l'être pour peindre les transports que j'éprouvai en la serrant dans mes bras. Ce moment fut le plus beau de ma vie. Troubles, périls, inquiétudes, tout fut oublié ; les expressions de notre joie et de notre tendresse furent si douces et si vives, qu'il ne s'y joignit pas même un seul mouvement de haine ou d'indignation contre nos bourreaux.

J'ai dit plus haut que ma femme et sa mère s'étaient rendues chez elles pour faire nos malles. Madame T....', femme d'un estimable officier, propriétaire de la maison dont j'occupais le premier étage, attendit mon épouse sur l'escalier, la prit par le bras, et lui vomit les plus horribles injures. Son mari l'ayant entraînée dans son appartement, elle se mit à la fenêtre pour attendre le moment où ma femme sortirait. Une compagnie franche était sur la place : Tirez! s'écria-t-elle, tirez! ce sont des bonapartistes. L'aspect d'une jeune et jolie femme de dix-huit ans désarma ces barbares. Mon beau-frère, d'ailleurs, arriva aussitôt, et grâce à *son opinion* et à son costume, il l'emmena sous son bras, tremblante et stupéfaite de tant d'atrocités!

Un jeune homme, employé à la préfecture, était allé chez moi le dimanche ; nous devions nous occuper ensemble de la rédaction du journal des Bouches-du-Rhône. Son emploi, la visite qu'il me faisait, parurent aussi indiquer *une opinion ;* on le pressa de fuir, mais il n'en eut pas le temps. Attaqué au déton de la rue Noailles, il reçut un coup de poignard qui l'étendit nageant dans son sang. Sa blessure heureusement ne fut pas mortelle (1).

Un autre, avocat à une des cours royales du Midi, venait de terminer ses études à Aix, et se rendait à Marseille chez moi. En arrivant, il vit, dès la barrière, un trouble, une confusion qu'il trouvait plus grande en avançant dans la ville. Témoin de plusieurs assassinats, il fut frappé sur-tout de la froide cruauté avec laquelle on immolait devant le café *Ricard* un vieux militaire qui dédaignait de demander grâce à ses meurtriers, lorsque son sang rougissait déjà tous ses cheveux blancs. Un autre objet plus affreux encore qui s'offrit à ses regards, fut un raffinement de férocité dont on ne trouve que peu d'exemples dans l'histoire : un père et son fils, liés ensemble dos à dos, livrés dans cet état à la populace, imploraient une mort prompte qu'on leur refusait. Plusieurs heures s'écoulèrent pendant lesquelles ils eurent à souffrir des tourmens inouis. Des coups de bâton, de pierres, de crosse de fusil, faisaient jaillir de temps en temps le sang du fils sur son père, le sang du père sur son fils, et le trépas vint enfin les soustraire à la rage de leurs assassins!....

Que l'on ne m'accuse point ici d'inventer des faits.

___

(1) Quelques personnes le rappelèrent à la vie. Il jouit à présent d'une bonne santé, et se trouve dans ce moment à Paris. Que le lecteur ne perde pas de vue que je pourrai, si l'on m'y force, nommer les masques, et rapporter d'autres détails aussi curieux.

Tout ce que j'avance peut être prouvé par des témoins oculaires, et par d'autres témoins bien plus malheureux !

Un étranger se trouvant sur le Cours au commencement du trouble, une balle dirigée contre un autre l'atteignit et lui cassa l'épaule.

Au coin de la rue des Fabres et du Cours, un habitant, en habit de garde national, renversa un militaire, et lui fracassa la tête d'un coup de pierre.

Une négresse qui servait des Mameloucks se trouvait sur le port. — Crie *vive le Roi*, lui dit le peuple. Non, s'écria-t-elle, Napoléon me fait vivre, *vive......* Traînée dans la fange, elle reçoit un coup de baïonnette dans le ventre, et y portant la main pour retenir ses entrailles, elle s'écrie encore : *Scélérats! vive......* On la pousse dans l'eau, elle touche au fond, reparaît à la surface et répète le même cri; une balle l'atteint : elle expire.

Quelques hommes et un plus grand nombre de femmes formaient dans quelques rues des danses autour des cadavres. Un tombereau recueillit les victimes, et fit enfin cesser tant d'horreurs.

Les militaires partirent. Le peuple, dont la vengeance n'était pas encore satisfaite, alla camper aux portes de la ville, derrière un mur qui le cachait. Les soldats, en passant sous ce mur, furent assaillis d'une décharge qui en tua encore un grand nombre; le reste se retira dans un désordre effrayant (1).

(1) Cette ignoble expédition était commandée par M. de St-P.

Telle fut la révolution ou plutôt la réaction sanglante qui eut lieu à Marseille le 25 et le 26 juin.
Aucun des excès atroces qui ont souillé cette ville
n'est ignoré des habitans, dont quelques-uns ap-
pellent ce jour *le jour de la farce*, et qui en célèbrent
l'anniversaire avec enthousiasme.

Mille faits non moins affreux pourraient trouver
place auprès de ceux que j'ai cités ; mais je n'ai
voulu rapporter que ce qu'il me serait aisé de prouver, et je me contenterai d'ajouter une réflexion.

Que l'on ne craigne point l'inimitié des Marseillais,
en leur rappelant ces massacres ; eux-mêmes ne
prennent guère soin de les cacher, et applaudissent
au récit de ceux qui y ont pris une part active. Je
me souviens qu'étant rentré dans cette ville, deux
ans après, j'entendis, dans un corps-de-garde, le
tambour d'une compagnie de la garde nationale
raconter avec orgueil qu'il avait donné avec son
sabre *un tour de clé* dans le ventre d'un malheureux
officier qu'il avait trouvé caché entre deux ton-
neaux. Je sortis du corps-de-garde, péniblement
affecté de ce récit, mais plus indigné encore de la
manière dont on souriait à ses révoltantes expressions.

Puissent les honnêtes gens qui s'opposèrent au
meurtre et au pillage, et qui furent en grand nombre,
je me plais à le redire, recevoir encore l'expression
de la reconnaissance que tous les Français doivent
à leurs services ; et puissent les assassins se rappeler

sans cesse que le crime couvert du voile de l'opinion est toujours crime.

Nous attendîmes le soir de ce jour même, et montâmes en voiture pour nous rendre à Nîmes. On verra bientôt quels événemens nous attendaient en route.

CHAPITRE V.

Voyage de Marseille à Nîmes.

RIEN de remarquable sur notre chemin jusqu'à Orgon, où nous arrivâmes le lendemain ; quelques postes épars seulement nous annonçaient que nulle part la tranquillité n'était parfaite. Mais en approchant de cette ville , nous aperçûmes trois hommes dont l'aspect devait nous paraître singulier après ce que nous venions d'éprouver. L'un d'eux avait une cocarde blanche , un second une cocarde tricolore , et le troisième n'en avait pas du tout ; ils se donnaient amicalement le bras, et attendaient gaîment le résultat des événemens politiques. Cette sagesse me frappa, sur-tout lorsqu'ils nous eurent expliqué naïvement chacun leurs espérances , et l'intention où ils étaient pourtant de se soumettre *au plus fort.*

En entrant dans la ville, nous vîmes qu'elle était troublée par une nouvelle importante. Les groupes qui se formaient çà et là s'entretenaient avec intérêt. Un air d'inquiétude se peignait sur tous les visages , et l'on paraissait écouter attentivement un homme que l'on nous dit être le maire d'Orgon. Nous nous approchâmes, et lui demandâmes le sujet de cette

rumeur : « Messieurs, nous dit-il, vous devez con-
» naître les nouvelles; le Roi est dans sa capitale.
» Nous avons repris le drapeau blanc, et nous l'avons
» fait heureusement, sans qu'aucune dispute ait
» troublé cette belle journée. Les uns ont triomphé
» sans cruauté, les autres se sont soumis avec rési-
» gnation. Je viens d'apprendre qu'une troupe de
» vagabonds, au nombre de 3oo à-peu-près, réunis
» sur le pont de la Durance, se prépare à marcher,
» cette nuit, sur notre petite ville, et prétend nous
» piller et nous faire contribuer. Il me reste quelques
» fusils : je vais les faire distribuer; chacun veillera
» à la sûreté commune. » Il n'y avait pas d'armes
pour tout le monde : il nous en offrit, je le remerciai ;
mes pistolets à deux coups ne me quittaient pas.
Mais j'admirai encore le sort, qui me condamnait
à passer une troisième nuit dans une agitation
pareille à celle des deux nuits précédentes.

Il serait trop long de raconter ici quels furent nos
arrangemens et nos précautions. Je dirai seulement
que, placés, les pistolets à la main, à la porte de
l'appartement où reposaient ma femme et sa mère,
M.... et moi ne pûmes goûter un seul moment de
repos. A chaque instant une fausse alerte répandait
la rumeur dans Orgon, et les habitans, tous sur la
défensive, ne dormirent pas plus que nous.

Le lendemain, nous continuâmes notre route jusqu'à Tarascon, où nous attendaient d'autres événemens. En approchant de cette ville, nous enten-

dîmes sonner le tocsin et battre la générale. Nous commencions à être accoutumés au tumulte : celui-ci nous étonna moins. Nous nous informâmes en arrivant, et l'on nous annonça que douze mille Nîmois avaient marché sur Beaucaire, et qu'ils mettaient tout à feu et à sang. *Douze mille!* m'écriai-je; il y a donc à Nîmes une réquisition générale? Les Nîmois, me répondit-on, sont secondés par les habitans de la *Gardonenque* (1) et des Cévennes ; le drapeau tricolor est à Nîmes. Beaucaire a arboré le drapeau blanc, et c'est pour le faire enlever et pour dissiper les attroupemens des royalistes dans cette ville que l'on a entrepris cette expédition. Etonnés cependant de la tranquillité de Tarascon, quand on se battait sur l'autre bord du Rhône, nous commençâmes à douter un peu du fait, ou du moins de sa gravité, et nous résolûmes de pousser jusqu'à Beaucaire. Là, nous trouvâmes tout le monde parfaitement tranquille. Cette expédition de douze mille hommes s'était réduite à une simple incursion de deux cents hommes, que l'on avait repoussés. Le résultat de l'affaire avait été un blessé et un prisonnier. Fiers de ce succès, les habitans de Beaucaire nous chargèrent d'apporter mille imprécations à leurs ennemis, et nous ne séjournâmes pas dans leurs murs.

S'il est un voyage qui ait pu donner une juste idée des apprêts de la guerre civile, et de la confusion qui régnait déjà dans le Midi, c'est sans contre-

_____

(1) Les habitans des bords du Gardon.

dit celui que nous fîmes dans cette journée. Les quatre lieues de Beaucaire à Nîmes étaient occupées alternativement par des postes ayant l'une ou l'autre cocarde. Chaque village sur notre route s'était prononcé pour le Roi, excepté les plus prochains de Nîmes. Mais les soldats qui campaient, à distance à-peu-près égale, sur le chemin, étaient tantôt *royalistes* et tantôt *bonapartistes*. Nous les examinions de loin par la portière; et pour qu'ils ne s'opposassent pas au passage de notre voiture, nous mettions à nos chapeaux la cocarde que nous apercevions sur les leurs, en cachant l'autre dans nos souliers. Ce fut ainsi qu'en flattant leurs opinions, et sur-tout en prodiguant l'argent, nous arrivâmes jusqu'aux barrières de Nîmes, où nous retrouvâmes les gardes nationaux repoussés par les habitans de Beaucaire.

Un mot encore sur cette dernière ville : en y passant, j'avais rencontré un homme de ma connaissance auquel je m'étais informé des événemens. Ce sont, m'avoit-il dit, *les protestans* de Nîmes qui ont marché contre la ville ; mais on les regarde ici comme des bêtes féroces, et on les a accueillis comme ils le méritaient. Il est naturel, répliquai-je, que vous vous soyez défendus ; vous avez l'avantage, et je vous en félicite ; mais considérez - les comme *bonapartistes*, et non comme *protestans* ; la religion ne fait rien à l'affaire, et vous avez sans doute dans votre ville plus d'un protestant honnête homme. Non, s'écria-t-il, Beaucaire n'en souffre point dans son sein; si nous en avons quelques-uns, ils sont étrangers. L'inscription que vous voyez sur la porte de notre ville prouve que nous fûmes toujours fidèles à nos rois et à notre religion ; or, être *fidèles à sa religion*, c'est ne pas souffrir que d'autres s'établissent ensemble. Aussi nous sommes-nous constamment opposés à ce qu'on ensevelît les protestans dans notre territoire. Un Anglais mourut ici, il y a quelques années; on vint chercher son corps de Nîmes, où le cimetière des réformés lui fut ouvert. Quoi ! m'écriai-je, pas un peu de terre à un mort ! et si d'autres villes voisines pensaient comme vous, les protestans iraient donc à la voierie? Il me répondit : *Pourquoi pas ?*

CHAPITRE VI.

Etat de Nîmes avant les troubles.

La garde nationale de Nîmes et les troupes qui composaient la garnison de cette ville avaient résolu de se réunir le dimanche 26 juin à un banquet, pour célébrer les premiers succès des armées françaises. La nouvelle de la bataille de Waterloo n'arriva pas aussi rapidement qu'à Marseille; le banquet ne fut point interrompu. Le buste de Napoléon fut promené en pompe dans toute la ville, et les militaires et les gardes nationaux se livrèrent pendant le reste du jour à des réjouissances qui ne furent suivies d'aucun excès.

Les protestans de Nîmes, qui forment la classe la plus riche des propriétaires et des négocians, sont en général plus partisans des idées libérales que la classe catholique, plus nombreuse et composée en grande partie de paysans et d'ouvriers. Sous le régime de Napoléon, les protestans avaient, par leurs fortunes et leurs lumières, acquis une influence puissante dans le département. Placés, comme les catholiques, et trop souvent préférablement à eux, dans les

différentes administrations et dans toutes les entre-
prises, ils savaient trop peu dissimuler leur préférence pour leurs coreligionnaires, et s'étaient ainsi
attiré la jalousie des catholiques, plus nombreux et
plus redoutables qu'eux. Le retour du roi en 1814
amena un nouvel ordre de choses. Loin de se conformer aux désirs du monarque, qui oubliait et par-
donnait, quelques catholiques, trop aigris par les
procédés de leurs antagonistes, réveillèrent des souvenirs presque éteints : la haine, la division reprirent
leur empire. Les noms de *terroristes*, de *jacobins*, se
firent entendre, et tout semblait faire présumer que
les insultes et les outrages allaient se multiplier : une
police sage et sévère réprima les abus, rétablit la
tranquillité et protégea les faibles contre les ressen-
timens des plus forts. Nîmes était dans cet état,
lorsque Napoléon débarqua. Son arrivée à Paris produisit dans cette ville les sentimens les plus opposés
d'espérance et de douleur. Les royalistes, fidèles jusqu'au dernier moment au duc d'Angoulême, se dé-
vouèrent en grand nombre à leur prince dans le
malheur. Plusieurs familles protestantes, entraînées
par l'exemple, et animées par les sentimens les plus
nobles, envoyèrent leurs enfans sous les mêmes dra-
peaux, et ceux-ci ne se montrèrent pas les moins
attachés à l'auguste cause qu'ils avaient embrassée.

La révolution des cent jours s'effectua sans peine
et sans aucune violence. Le drapeau tricolor fut arboré sans que l'on eût entendu parler d'aucun évé-

nement fâcheux. Mais les protestans ne se comportèrent plus alors avec autant de sagesse ; il leur importait que la garde urbaine fût principalement composée des leurs , afin do se former une force capable
d'imposer à la multitude catholique. Les moyens
qu'ils prirent pour parvenir à ce but, furent la source
ou du moins le prétexte des malheurs qui ont suivi.
La formation d'une compagnie à *collets jaunes*, dont
les soldats avaient été pris dans la classe ouvrière
protestante, acheva d'indisposer leurs ennemis; c'est
à cette compagnie seule que l'on doit imputer quelques procédés peu délicats, que l'on a attribués dans
la suite aux autres gardes nationaux, tous probes, honnêtes, et jouissant d'ailleurs d'une fortune aisée (1).
J'entends par ces procédés (car il faut toujours parler clairement) le dépouillement de quelques Mique-
lets (2). Que l'on ne croie pas que mon intention soit
de reprocher aux protestans une foule d'autres torts
dont on les a chargés, et dont ils sont parfaitement
innocens. Non ; ils ne se plurent point, comme on
l'a prétendu, à préparer des troubles, à faire des
listes de proscription , à opprimer à plaisir des
hommes vaincus, et déjà trop malheureux. Leur édu-
cation, leur caractère, leur probité, tout repousse
ces inculpations, enfantées par la calomnie, parce

_____

(1) L'assassinat de deux militaires royaux, puni par la cour
d'assises, fut commis par des villageois, et non par des protestans de Nimes.

(2) Soldats du duc d'Angoulême.

Marseille.   3

qu'il fallait des motifs à la rage aveugle qui méditait et préparait déjà sa terrible vengeance. (1)

J'ai dit que l'on avait passé le dimanche du 25 juin dans les réjouissances. On avait eu la nouvelle des rassemblemens nombreux que des royalistes avaient formés à Beaucaire, et, le mercredi, un détachement fut envoyé pour les dissiper; c'était celui que nous avions rencontré en venant de Beaucaire. Les libéraux, commandés par le général Gilly, qui avait aussi à ses ordres un régiment de chasseurs, commençaient, à leur tour, à désespérer de leur cause, et voyaient avec inquiétude s'approcher le moment d'une nouvelle révolution. S'unir courageusement pour résister à l'orage, reconnaître l'autorité royale, la proclamer eux-mêmes, et la faire respecter, en veillant au maintien de la tranquillité publique, tel était leur devoir, et ils le sentirent. Mais leurs dispositions paraissaient peu sincères. On ne pouvait se persuader que les mêmes hommes fussent capables de protéger l'ordre dans une ville, sous les deux gouvernemens différens. Le zèle qu'ils avaient montré pour l'un devenait un crime sous l'autre, et un crime impardonnable aux yeux de leurs ennemis irrités. L'armée de Beaucaire sur-tout, cette armée composée de tant de mécontens qui ne respiraient que la vengeance(2), faisait présager bien des maux; mais la réa-

(1) L'auteur de cette brochure est catholique.
(2) Il est permis d'en juger par les faits qui ont suivi. L'on verra plus loin qu'il y avait pourtant dans cette armée des hommes dignes d'honorer la cause royale.

lité a surpassé encore toute l'horreur de ces sinistres présages. Etranger à tout ce qui s'était passé à Nîmes, je n'avais rien à craindre pour moi ; mais accoutumé déjà à l'injustice des soupçons, je crus que le malheur qui me suivait n'épargnerait pas mes amis et ma famille, auxquels on aurait pu faire un crime d'accueillir un *réfugié* de Marseille, mot qui ne signifiait rien, puisque, comme on l'a pu voir, je n'avais pris aucune part aux événemens dans cette dernière ville, mais qui aurait pu devenir funeste dans la bouche d'un ennemi (1). Frémissant sur l'avenir, par le souvenir que j'avais du passé, je résolus de me soustraire à un spectacle que je n'avais que trop raison de redouter, et j'allai demeurer quelque temps à la campagne, me réservant de retourner à Nîmes aussitôt que le drapeau blanc serait arboré.

Un vieux château, situé dans les Cévennes, devint notre asile. Mon ami M....., qui m'était devenu plus cher depuis nos communs dangers, ma femme et sa mère, témoins aussi de nos précédens périls, telle était la société avec laquelle j'allais attendre le résultat des événemens qui se préparaient. La tranquillité de notre solitude n'offre rien d'intéressant à raconter ; privés de nouvelles depuis quelques jours, nous résolûmes d'aller nous assurer nous-mêmes de l'état de Nîmes, et nous nous mîmes en route pour y rentrer.

_____

(1) Les prétextes même ont manqué à mes ennemis ; je n'avais signé ni l'acte additionnel, ni la fédération.

A peine avions-nous fait deux lieues que nous rencontrâmes une voiture; c'était celle de M. M...., riche propriétaire de notre ville. Du plus loin que je l'aperçus, je mis pied à terre pour aller lui demander comment tout se passait à Nîmes : « Gardez-vous » bien d'y retourner, les esprits fermentent, le sang » a déjà coulé, on s'attend à une catastrophe. »

Nous retournâmes au château; mais ne pouvant supporter l'inquiétude qui nous tourmentait, nous prîmes enfin le parti de nous rendre à Nîmes. Là, nous devions revoir encore ces scènes sanglantes dont le souvenir me glace d'horreur, et que l'on n'a pu arrêter que quelques mois après, tant les récits ont été infidèles, tant les puissans ont été trompés, tant les mesures sages et sévères d'un gouvernement essentiellement ennemi du désordre ont éprouvé d'obstacle et de retard dans leur exécution!

~~~~~~

CHAPITRE VII.

*Mort du Maréchal Brune à Avignon. — Commen-
cement des troubles de Nîmes.*

———

Nous trouvâmes à Nîmes notre ami O...., arrivé
depuis peu de Paris, et dont nous avions eu des nouvelles très-alarmantes. La route du Pont-Saint-Esprit,
d'où il arrivait, n'était pas beaucoup plus sûre que
celle que nous avions parcourue; il vint loger à la maison, et attendit avec nous le moment si craint par les
uns, et si désiré par les autres. Déjà quelques rixes,
quelques scènes particulières avaient enflammé les
esprits. Un coup de fusil tiré près de l'esplanade avait
tué un homme, et ce malheur en présageait bien
d'autres. Les catholiques attendaient avec impatience
l'arrivée de cette redoutable armée de Beaucaire,
qui devait faire leur principale force. Les protestans
gardaient un silence pénible, et on pouvait lire l'effroi sur tous leurs visages : on arbora enfin le drapeau blanc : cette garde si nombreuse et si belle se
réduisit bientôt, et semblait prévoir le sort qui attendait un grand nombre de ses membres. Le Roi fut
proclamé, tout se passa avec calme, mais avec ce
calme précurseur des tempêtes, et qui ne devait pas
durer long-temps. M.., O... et moi, nous eûmes alors
une idée que l'on trouvera si l'on veut étrange, peu

m'importe. Les Cévennes n'étaient point encore le refuge des opprimés; rien n'y annonçait la guerre civile qui eut lieu bientôt après. Ces montagnes, paisibles alors, n'offraient que le spectacle d'une multitude de gens timides venant habiter la campagne, et s'y distraire de l'inquiétude qui agitait à la ville les esprits de toutes les classes. L'on nous avait annoncé que, revenu de son obstination à ne pas vouloir reconnaître Louis XVIII, le maréchal Brune avait enfin arboré à Toulon le drapeau blanc, et que, la cocarde blanche au chapeau, il avait cédé aux autorités royales le commandement de cette place. La Provence ne lui offrait pas un asile où il pût vivre entièrement ignoré; son intention n'était pas connue, et ses démarches annonçaient la plus grande hésitation. N'y voyant nous-mêmes aucun mal ni aucun danger, parce qu'il n'était sur aucune liste, et que l'on ne pouvait guère le poursuivre, nous résolûmes de lui offrir pour asile une petite maison de campagne, où il aurait attendu, dans le plus grand repos, la fin des troubles, pour se rendre ensuite au sein de sa famille. Il fut arrêté entre nous que M... et O... iraient lui faire cette proposition qu'il eût peut-être acceptée, parce qu'elle partait de deux cœurs qu'il avait pénétrés de ses bontés et de sa noble amitié (1). Ils partirent, mais ils ne purent aller loin : on leur ap-

---

(1) Rien de tout cela n'eût été fait dans le secret; le maréchal n'en voulait jamais.

prit en route qu'il venait d'être assassiné à Avignon.

La mort d'un père chéri ne produit pas sur l'âme un effet plus prompt que celui que je ressentis en apprenant cette horrible nouvelle; j'hésitais toujours à le croire : on avait beau me retracer dans toute leur horreur les détails de cette scène sanglante, il me semblait impossible qu'un guerrier aussi brave, qu'un homme aussi bon, que le plus honnête des citoyens eût été victime d'une pareille atrocité. Telles sont les impressions des nouvelles révolutionnaires, qu'on ne peut s'accoutumer aisément, malgré tout ce qu'on voit, à renoncer aux idées de justice et d'humanité que l'on s'était formées, et que la chose la mieux prouvée paraît encore incroyable à notre esprit. Quoi! un maréchal de France, me disais-je, un vieux guerrier couvert d'honorables cicatrices a donc péri sous les coups d'une horde d'assassins! Cet homme que l'on traîne dans la fange, c'est le même qui conduisit nos armées à la victoire; qui parvint, par ses importans services, à un poste élevé, qui n'était donné alors que par l'acclamation universelle des braves qui triomphaient sous lui! c'est donc là ce chef ami de l'ordre et de la modération, qui nous répétait sans cesse, dans les murs de Marseille : *Il vaut mieux ramener les têtes que de les couper! Il vaut mieux passer pour un homme faible que pour un buveur de sang!* Pourquoi ses ennemis ne tiennent-ils pas le même langage? ou plutôt pourquoi leur voix impie ose-t-elle, en l'assassinant, lui reprocher des crimes qu'il ne commit jamais, eux dont les bras toujours sanglans doivent ajouter tant d'autres victimes innocentes à cette illustre victime?

On connaît la fin tragique du maréchal. Traîné dans la boue par ces cannibales, sanglant, défiguré, il fut jeté dans le Rhône, et disparut sous les flots, emportant la haine et les imprécations d'une populace avide de carnage et d'assassinats.

Ombre noble et généreuse! il ne m'appartient point de retracer ici le brillant souvenir de vos exploits, votre éloge est au-dessus de mes forces; mais celui qui traça ces lignes fut témoin de vos vertus, de votre bonté, de votre loyale franchise! S'il ne peut jeter des fleurs sur votre tombe, il peut du moins, avec tous ceux qui vous ont connu, déplorer votre trépas impuni, et malgré la distance des rangs qui sépare les hommes dans leur vie, se dire aujourd'hui votre ami, car il aurait voulu donner tout son sang pour vous défendre!

C'était un samedi que l'on avait arboré le drapeau blanc à Nîmes. Le lendemain, une multitude de paysans des environs se rendit dans la ville, et vint y attendre l'armée de Beaucaire. Les esprits fermentaient, le désir de la vengeance animait ces hommes dont la plupart avaient réellement été persécutés, et dont le plus grand nombre ne se réunissait que dans l'espoir du pillage. Le lundi fatal arriva enfin; et ici je dois dire, quoique je croie être sûr des jours que je cite, que je ne garantis pas aussi bien les dates que les faits. Chaque événement que je raconte est vrai, chaque détail est juste ; mais le jour ne frappe pas également ma mémoire, et il est plus aisé de se souvenir qu'un meurtre a été commis, que de se rappeler précisément le moment qui en fut témoin.

Ce fut, dis-je, le lundi que la populace irritée se transporta aux casernes, pour exiger des soldats qui y logeaient les deux pièces de canon qui leur avaient été confiées : ceux-ci, craignant de grands malheurs, refusèrent ; et le peuple, qui s'attroupait autour des casernes, les força bientôt à se réfugier dans l'intérieur et à en défendre l'entrée.

Dans ce moment commença un siége qui dura depuis cinq heures du soir jusqu'à une heure du matin. Les assiégeans, qui n'étaient pas en force suffisante, sonnèrent le tocsin, et la population de plusieurs villages entiers accourut à ce signal. Les armes manquaient, on trouva tout naturel d'aller désarmer les gardes nationaux, et de se servir de leurs fusils ; ce siége mit toute la ville en rumeur ; les hommes du peuple voulurent presque tous en être témoins, et les cris de cette multitude, l'obscurité, le bruit des coups redoublés qui se faisaient entendre, le spectacle de quelques hommes mordant déjà la poussière, tout concourait à glacer d'effroi les citoyens paisibles, qui virent bientôt alors que la guerre civile et toutes ses horreurs allaient désoler leur malheureuse patrie.

Les soldats, fatigués et affaiblis, demandèrent enfin

à capituler; on le leur accorda , ou l'on sembla le
faire. La condition qu'on leur accorda fut de sortir
sans armes ni bagages ; ils se présentèrent dans cet
état... Je ne prononce point ici sur les motifs qui di-
rigèrent le peuple ou ceux qui le commandaient,
je n'accuse personne particulièrement; mais je ne
puis m'empêcher de rapporter ce trait inouï de bas-
sesse et de lâcheté : ils avaient capitulé , ils se pré-
sentaient sans armes... on fit feu sur eux, quelques-
uns parvinrent à se sauver, les autres payèrent de
leur vie leur confiance et leur crédulité !

CHAPITRE VIII.

Arrivée de l'armée de Beaucaire.

———

LE mardi, l'on annonça dans la ville que l'armée de Beaucaire allait arriver; cette armée (qu'il faut appeler ainsi par indulgence) contenait, avec quelques honnêtes gens victimes de persécutions, je crois l'avoir déjà dit, une foule innombrable de mécontens que tourmentait la soif du pillage. Cependant l'idée que l'on se faisait de ces troupes, le caractère particulier du général appelé à les commander (1), tout semblait inspirer la confiance. Venir au nom du Roi rétablir la tranquillité publique et rentrer chacun dans ses foyers, était une chose qui ne pouvait que trouver de nombreux partisans, et aucun obstacle; aussi une grande partie des habitans se transporta-t-elle au-devant d'eux en faisant éclater sa joie et ses espérances. Qu'il me soit permis de décrire un peu *cette armée.*

————————

(1) M. Debarre. Il déploya dans cette occasion l'activité et la fermeté d'un homme de bien et d'un bon royaliste. Pourquoi ses efforts furent-ils vains !

Le premier corps qui se présenta avait des officiers respectables en tête, et observait une discipline assez exacte ; tous étaient armés de fusils.

Le second, composé d'hommes de toutes les classes du peuple, offrait dans son armement le mélange le plus hideux de fusils, de fourches, de sabres, de pistolets et de bâtons.

Connaît-on les honnêtes gens que l'on représente sur la scène, dans *la Caverne* ou la *Maison isolée*? Je n'ai rien à dire pour donner la description du troisième corps(1). Je n'attaque point la moralité, les intentions, encore moins les opinions de ces messieurs; mais une figure hâlée et poudreuse, deux pistolets à la ceinture, un bâton à la main, la veste sur l'épaule, les manches retroussées, n'ont jamais formé un costume d'auxiliaires très-rassurant. Il serait difficile de peindre la surprise des habitans qui attendaient ces hommes en frères, lorsque, dès leur arrivée, on les vit se répandre dans la ville en pillant et en poussant des cris de rage et de fureur. Vainement leurs officiers voulurent-ils s'opposer au tumulte. Le général lui-même, menacé plusieurs fois par les factieux, montra une fermeté inébranlable, mais ne put empêcher les malheurs qui commençaient, et qui en préparaient de plus grands. On prétendit que pendant le siége des casernes un individu avait tiré d'une fenêtre un coup de fusil sur les assié-

---

(1) Ici, les témoins oculaires ne manqueraient pas.

geans. Le peuple indigné, se porta à la maison désignée et la pilla sans y rien laisser que les murs; l'individu accusé a ensuite été reconnu innocent.

La maison d'un riche négociant protestant s'offrit sur leur passage, elle fut aussi pillée, et lorsqu'on leur prouva dans la suite que ce négociant était un fidèle serviteur du roi, dont le fils avait servi sous le duc d'Angoulême jusqu'au dernier moment, ils répondirent qu'ils avaient été dupes d'une *erreur de nom*; cette excuse paraît valable aux yeux de bien des gens.

Donner le nom de toutes les maisons pillées, dévastées, brûlées dans ces jours ou les suivans, serait une chose trop longue à faire, et je n'ai pas entrepris un volume. Je me contente de rapporter quelques faits de nature différente, pour prouver que ces bandits ont commis toutes sortes d'horreurs.

Le moyen par lequel ils s'étaient armés leur ayant paru le meilleur, ils en usèrent aussi pour s'habiller, et se répandirent dans toutes les maisons des ci-devant gardes nationaux. Monsieur, votre fusil. — Le voilà. — Votre habit et votre équipement. — Les voilà.—Il nous faut à présent vingt louis, ou trente, ou cinquante ; tels furent les dialogues à la mode ; et Nîmes, pendant bien long-temps, n'en a pas entendu d'autres. J'ignore quels sont les changemens que l'on a faits à la garde nationale aujourd'hui: ils sont nombreux, m'a-t-on dit; je veux bien le croire, mais je doute qu'il y ait beaucoup de protestans, et que

les riches propriétaires y soient en grand nombre (1).
Ne craignons point de le dire : la formation d'une
nouvelle garde nationale parut si difficile après la
dissolution de la précédente, composée de presque
tous les contribuables, que l'on vit, pour l'équipe
ment de ces nouvelles compagnies, les officiers aller,
une liste à la main, chez tous les propriétaires un
peu aisés, en les priant de fournir quelque chose
pour l'habillement de ces nouveaux *contribuables*.
Est-ce à des hommes qui n'ont rien, que l'on doit
confier la garde des biens que l'on possède? Les riches consentirent à cette mesure, parce qu'à cette
époque il fallait consentir à tout.

Plusieurs scélérats acquirent dans ces funestes
jours une réputation telle que leur nom seul mettait
en fuite les hommes les plus innocens ; de ce nombre fut le célèbre *Trestaillon*, auquel on ne peut
parler un moment sans avoir de lui des aveux pré-
cieux, et qui, dans la suite, arrêté par le général Lagarde, et envoyé à-Lyon, y fut bientôt mis en liberté ; la terreur qu'inspirait son nom fut telle,
qu'aucun témoin à charge n'avait osé s'élever contre lui, et pourtant il n'est aucun habitant du Gard
qui ne frémisse en songeant à cette terrible compa-

(1) Du moins est-il certain que les propriétaires protestans
n'y sont pas admis ; dix hommes de leur religion n'en repré-
sentent pas six mille.

gnie dont il s'était créé capitaine, et qui commit
tant de massacres et de pillages! (1)

Dira-t-on qu'il y avait des autorités? J'avoue que
je me fais violence, et que je n'en accuse aucune;
cependant on eut lieu d'être surpris que dans le temps
où l'on assassinait régulièrement plusieurs protestans chaque jour, il y eut des postes aux barrières
pour les empêcher de sortir de la ville sans une per-
mission expresse et écrite de la police; et lorsque
ces malheureux, qui n'osaient point se montrer pour
la demander, parvenaient à se réfugier dans la campagne en franchissant les rochers et les murs, un
arrêté signé de monsieur le commissaire-général de
police VIDAL ordonnait à tous de rentrer, sous peine
de voir leurs biens séquestrés!.... J'ai vu ces infortu-
nés, poursuivis, désignés par des gens de la lie du
peuple à d'autres hommes qui faisaient métier de les
arrêter, de les faire contribuer, de les dépouiller
sans aucun ordre et sans aucun droit; à la faveur de
la nuit, ils tâchaient de tromper la surveillance des
factionnaires épars çà et là, et s'exposaient à la mort
pour s'éloigner de ces lieux où l'on ne parlait que de
les anéantir. Je les ai vus dans d'autres pays, s'em-
brasser, se féliciter de n'avoir perdu dans ces trou-

_____

(1) Un coup-d'œil jeté par lui sur plusieurs maisons en a fait
déménager les propriétaires, dans la crainte du pillage. L'auteur de cette note a ainsi recueilli quelques meubles qu'on venait
cacher chez lui.

bles que leur équipement et quelqu'argent, et se ré-
soudre, quoiqu'à regret, à transporter leur industrie
dans d'autres villes qui se sont enrichies par la persécution des Nîmois.

Je ne me suis point arrêté long-temps sur les massacres de Marseille; je passerai rapidement sur ceux
de Nîmes. Cependant, je ne crois pas devoir garder
le silence sur quelques-uns des événemens les plus
affreux qui ont désolé cette ville, car on m'accuse-
rait de dire des choses trop générales sans citer des
faits positifs.

Un détachement de la garde nationale (1) alla à V...
maison de campagne de M. N..., négociant protestant. J'ignore ce qu'on allait y faire; mais ce qu'il y
a de certain, c'est que les flammes éclairèrent la re-
traite de ces hommes, et que l'incendie durait encore
le lendemain.

M. V... vit sa maison d'abord pillée, ensuite démolie; elle était au centre de la ville, et aucun secours ne lui fut donné.

La campagne D..... fut encore incendiée, et son
propriétaire presque ruiné. Je ne parle que du pillage et des incendies, parce que s'il fallait raconter
les simples vols, même très-considérables, les con-
tributions arbitraires exigées le pistolet sur la gorge,
je ne finirais pas.

_____

(1) Je préviens le lecteur que lorsque je parle de la garde nationale, c'est celle de cette époque que je veux dire, et non celle
d'aujourd'hui.

Sur le chemin de Montpellier, la maison T......
fut aussi d'abord pillée, ensuite démolie, et n'offrit
plus bientôt que quelques ruines au bord du chemin,
qui attestent encore aux voyageurs les ravages de la
guerre civile.

Je ne puis m'empêcher de donner quelques détails
sur cette dernière maison : après avoir enlevé le
linge, les meubles, tout ce qu'elle contenait, après
y avoir mis le feu et dansé autour comme on l'aurait fait dans une fête publique, les habitans de la
commune de Milhaud, où elle est située, ne pouvant
avoir sous leurs mains ses malheureux propriétaires,
firent retomber sur les morts la haine qu'ils portaient
aux vivans. Un enfant de quelques mois fut exhumé,
traîné par les pieds dans la fange des ruisseaux, et
jeté à la voirie. Le maire du village *s'était couché
de bonne heure, et dormait*, dans la nuit où se pas-
sèrent tant d'horreurs.

Ce trait m'en rappelle un autre que je choisis de
préférence parmi ceux qui se présentent à ma mémoire : quelques-uns de ces brigands se portèrent à
une petite maison de campagne habitée par une
veuve de ma connaissance ; après l'avoir maltraitée,
chassée, on pilla et l'on démolit la maison. Un ca-
veau contenait les restes de sa famille ; ils furent ar-
rachés au cercueil, et dispersés dans les champs ;
elle vint le lendemain les recueillir et les renfermer,
on les exhuma de nouveau ; après plusieurs tenta-
tives infructueuses, cette infortunée, plus sensible à

4

cet outrage qu'à tous les autres, fut réduite à aller
pleurer sur les ossemens de son père, brisés et répan-
dus dans son champ.

Ces scènes déplorables se prolongeaient déjà depuis
long-temps; rien n'annonçait que leur fin fût pro-
chaine. Il n'était plus question, à Nîmes, ni de com-
merce, ni d'occupations d'aucun genre. La conster-
nation régnait seule dans cette ville, jadis si riante et
si agréable. Le peuple demandait toujours du sang;
il en restait encore à répandre, les bourreaux n'étaient
pas satisfaits. Que l'on n'aille pas ici confondre ce
que je viens de dire avec ce que je vais raconter. JE
CHANGE DE SUJET.

Parmi les prisonniers détenus au palais de justice,
se trouvoit un capitaine piémontais qui avait parti-
cipé à la révolution des cent jours, comme tant
d'autres qui ont été amnistiés dans la suite. Je me
garde bien d'attaquer le jugement qui le condamna;
il fut juste et je suis loin d'en murmurer; mais l'é-
poque à laquelle il fut rendu était celle de tant de
troubles, et je ne puis sans frémir me rappeler que
j'entendis quelques hommes prononcer ces mots :
« La multitude est à craindre; elle veut du sang, il
» faut l'apaiser. »

CHAPITRE IX.

Suites des troubles et massacres de Nîmes.

LES assassins faisant partie de la garde nationale
spontanément organisée , on ne pouvait compter sur
elle pour le maintien du repos public ; et quoiqu'il
fût convenu que les Autrichiens n'occuperaient que
la rive gauche du Rhône , on résolut d'en envoyer à
Nîmes, pour arrêter le cours de tant de désordres.
Un corps assez nombreux arriva , et s'empara des
postes les plus importans de la ville. Les protestans
qui s'étaient réfugiés dans les Cévennes , avaient
trouvé dans ce pays, composé en majorité de leurs
coreligionnaires, un asile sûr, où l'on s'empressait de
leur prodiguer ces soins touchans que les hommes
doivent au malheur. Cet intérêt que l'on prenait à eux
parut un crime ; et comme on se réunissait plus vo-
lontiers aux endroits qui contenaient le plus de réfugiés , pour avoir des nouvelles de Nîmes , et pour
connaître les événemens , il fut publié par leurs ennemis acharnés que des attroupemens séditieux se
formaient pour fondre sur la ville, et l'on résolut de
se servir des Autrichiens pour déjouer ce que l'on
appelait leurs complots.

Les réfugiés avaient inspiré leur terreur aux habitans des Cévennes. La nouvelle de l'arrivée des Autrichiens à Nîmes les rassura ; mais leur espoir fut
de peu de durée, car ils apprirent, presqu'en même
temps, qu'on les dirigeait vers leurs pays. Des ennemis de la tranquillité publique avaient insinué à ces
hommes que le jour de la saint-Barthélemy devait
leur être fatal : ce jour, dont on s'est servi comme un
épouvantail depuis sa malheureuse célébrité, fut
aussi redouté qu'il ait jamais pu l'être ; et les protestans, presque tous paysans honnêtes et paisibles
d'ailleurs, crurent devoir se réunir pour résister à la
persécution, pour défendre leurs foyers, pour re-
pousser une attaque qui leur semblait aussi injuste
qu'elle l'était réellement, mais dans un autre sens.
L'alarme fut universelle dans les montagnes, et chacun se disposa à prendre les armes ; de là cette apparence de rebellion qui leur a été si fatale, puis-
qu'elle coûta la vie à plusieurs d'entr'eux.

Pendant que l'on échangeait quelques coups de
fusil dans les Cévennes, les Autrichiens, accueillis à
Nîmes en alliés et en auxiliaires, s'unirent aux habitans pour fêter la Saint-Louis et le retour du roi ;
une cérémonie auguste où devait se déployer tout
l'appareil de la religion, eut lieu sur l'esplanade, en
présence des troupes et du peuple assemblé. Dans le
moment même où l'on chantait le *Te Deum*, deux
ou trois hommes faits prisonniers dans les Cévennes,
arrivèrent bien escortés à la ville, et les Nîmois

eurent la lâcheté d'aller demander au général ce qu'il
voulait en faire. Cet officier, plus sage et plus hu-
main qu'eux, et qui crut ne pas pouvoir disposer
ainsi de la vie des Français, leur répondit qu'ils devaient connaître les lois de leur pays, et que c'était
d'après elles seules qu'il fallait agir. J'ignore quel
temps il faut à-peu-près pour former un conseil de
guerre, juger, entendre la défense des accusés, en
comprenant les longueurs souvent indispensables de
l'instruction, et ensuite des apprêts de supplice ; je
crois fermement que tout fut fait en règle, et qu'aucune formalité ne fut négligée. Cependant je ne puis
m'empêcher de déplorer encore la malheureuse rapidité avec laquelle nos lois permettent *quelquefois*
de disposer de la vie des hommes. On ne perdit pas
une minute ; arrivés à Nîmes au commencement de
la cérémonie, incarcérés, jugés, condamnés, le
Te Deum finissait à peine, qu'on les vit traîner au
supplice !......

Mon intention, comme je l'ai dit plus haut, étant
de m'appesantir plutôt sur les faits que sur les épo-
ques, je passe sous silence une infinité de scènes peu
importantes qui occupèrent chacun des jours qui suivirent la Saint-Louis. Un seul mot peut compenser
ce que j'omets, pour ne pas répéter des détails qui
seraient toujours les mêmes. Il n'est pas, dans la ville
entière, dix protestans, d'une fortune honnête, qui
n'aient été au moins affligés de quelque contribution

arbitraire, et de quelques vols, pour lesquels on aurait mis aux galères dans tout autre temps.

Dans l'histoire de tous ces troubles, j'ai peu parlé
de moi, et je l'ai dû, puisque je n'ai été ni agresseur
ni opprimé. Mon devoir m'appelait, comme tous les
honnêtes gens, au lieu du danger, pour prêter mon
appui au faible, que je parvins quelquefois à sauver,
grâce à ma religion qui me protégeait ; si je fus utile
à quelques-uns d'entr'eux, je partageai ce bonheur
avec tant d'autres, qu'il serait mal de m'en faire
une gloire.

Mais ce que je ne dois pas oublier de raconter,
c'est la scène sanglante dont je fus le témoin oculaire
une nuit fatale dont le souvenir me poursuit encore
et me glace d'horreur ; elle ne sera pas sans quelqu'intérêt pour le lecteur, déjà attendri sans doute
sur le nombre et le supplice des victimes.

Il était minuit ; je travaillais auprès du lit de ma
femme qui était près de s'endormir, lorsqu'un bruit
lointain fixa notre attention. Plusieurs tambours
paraissaient battre la générale et se croiser en tous
sens dans la ville. Dissimulant, dans la crainte d'a-
larmer ma femme qui me demandait ce que ce pouvait être, je lui répondis que sans doute des troupes
partaient ou arrivaient, et que c'était la seule cause
de ce bruit. Mais bientôt des coups de fusils et des
cris se firent entendre, et en ouvrant ma fenêtre je
distinguai des imprécations horribles, et le cri de

vive le Roi ! si touchant et si souvent profané ! Ne voulant point demeurer dans cette incertitude, je courus éveiller un capitaine qui logeait dans la maison. Il se leva, prit ses armes, et nous sortîmes ensemble en nous dirigeant vers le lieu d'où semblaient venir ces cris. La lune nous permettait de distinguer les objets presque aussi bien qu'en plein jour. Une foule considérable se pressait sur le Cours et poussait des cris de rage ; le plus grand nombre à demi-nus, armés de fusils, de couteaux, de bâtons et de sabres, jurait de tout exterminer, et faisant briller ses armes, menaçait des hommes qui n'étaient plus à craindre depuis long-temps ; le reste, attiré comme nous par la curiosité, venait aussi s'informer de la cause de ce tumulte. On s'égorge partout, me répondit-on, on a assassiné plusieurs personnes dans les faubourgs, on a fait feu sur la patrouille : telles étaient leurs réponses ; plusieurs étaient si différentes, qu'on eût dit que chacun avait reçu sa leçon pour inventer des motifs de trouble. Il faut que je l'avoue ; une idée me vint dans ce moment, et tout a servi à me la confirmer dans la suite : je crus que l'on ne serait point fâché de donner un peu la chasse aux protestans aux approches des élections qui devaient avoir lieu quelques jours après. (1) Quoi qu'il en soit, le tumulte allait en croissant, et j'ap-

_____

(1) Je puis me tromper ; mais on s'est fait si souvent, à Nîmes, un jeu de contrarier les vues du gouvernement, que cette idée a été celle de beaucoup de monde.

pris qu'il y avait déjà quelques victimes. Voyant que rien ne nécessitait ma présence au milieu de ces hommes, impatient de rassurer mon épouse et de veiller à la sûreté de notre demeure, située dans un faubourg, je dis adieu au capitaine qui se rendit aux casernes, et je me dirigeai vers la maison.

. A peine étais-je arrivé à quelques pas de la porte, que j'entendis parler assez loin derrière moi. Je me retournai, et vis briller des fusils au clair de la lune. Comme le groupe paraissait se diriger de mon côté, je suivis l'ombre pour n'être point aperçu, et rasant le mur, j'arrivai à la porte que j'ouvris et repoussai en la laissant entr'ouverte pour ne rien perdre des mouvemens de ceux que je guettais, et que je pouvais à peine distinguer.

Je reconnus deux hommes armés; ils en tenaient un autre qu'ils amenèrent jusqu'à l'endroit où je me trouvais; ce spectacle ne me surprit point, parce que depuis plus d'un mois tout homme armé, quoique non autorisé, avait le droit de saisir, d'emprisonner qui il voulait; le commissaire général de police trouvait cela le mieux du monde. (1)

Ils s'arrêtèrent devant la porte, que je refermai doucement, et ne voulant point les perdre de vue, je montai sur un arbre du jardin qui se trouve à côté

_____

(1) Lorsque ces messieurs visitaient un domicile, ils étaient sûrs qu'on n'oserait point leur demander l'ordre qui les y forçait. Quand même ils l'auraient eu, ce n'était pas à eux qu'on devait le délivrer. Le chef de la police aurait encore tort dans ce cas.

de cette porte. Le feuillage me cachait ; appuyé sur le haut du mur, je pouvais tout observer sans être aperçu. Là s'offrit à mes yeux le spectacle le plus attendrissant et lo plus horrible. Un malheureux, à genoux, implorait la pitié de deux scélérats qui ne cessaient de l'accabler d'injures et de le railler avec une froide férocité : « Te voilà dans nos mains, lui » disaient-ils, nous allons te tuer ; que Bonaparte » vienne te tirer d'ici ! » A cette cruelle ironie il ne répondait que par des sanglots, et les suppliait, au nom de sa femme et de ses enfans, avec cet accent de l'âme qui pénètre et déchire ; ses bourreaux étaient inflexibles. Une sueur froide coulait de mon front ; prêt à m'écrier et à les menacer, je contenais ma fureur, en songeant qu'un seul mot de leur part pouvait attirer des centaines d'assassins ; et que j'étais seul pour défendre ma famille et ma maison. Mon hésitation ne fut pas longue ; un coup de fusil dans les reins, un autre dans la tête, étendirent ce malheureux, et les monstres qui avaient commis le crime s'éloignèrent en rechargeant leurs fusils.

Je sortis alors, et m'approchai de l'homme expirant ; je le trouvai tout sanglant et défiguré, mais il vivait encore, et poussait des gémissemens sourds. J'essayai de le soulever, et je vis trop que ses blessures, faites à bout portant, étaient sans remède. Une patrouille de la garde nationale s'approchait ; je rentrai, et écoutai attentivement. Qu'aperçois-je ? dit l'un d'eux, c'est un homme mort ! Il chante encore,

reprit un autre. (L'infortuné poussait des gémissemens affreux !) On l'a chatouillé, dit un troisième,
il n'y pas de mal à cela ; le meilleur serait de l'a-
chever, il souffre trop. Aussitôt j'entendis cinq à six
coups de fusil, et les gémissemens cessèrent (1).

Si quelqu'un se refuse à croire de pareilles horreurs, je l'excuserai ; j'en fus témoin, et je sens que
j'ai besoin moi-même de me redire sans cesse aujour-
d'hui que ce n'est point un songe.

Le lendemain, dès le point du jour, je ne cessai
d'envoyer chez tous les commissaires de police pour
obtenir l'autorisation d'enlever ce cadavre et de le
transporter à l'hospice. Ces messieurs étaient les uns
au lit, les autres en ville ; enfin, à onze heures et à
force de visites, on voulut bien me délivrer cette
autorisation.

Un mot encore, et je frisonne en l'écrivant. Toute
la ville vint voir le corps du malheureux. Le lendemain d'un massacre semblait un jour de fête ; on
laissait tout pour aller contempler les victimes. Un
homme voulant amuser la foule, ôta sa pipe de sa
bouche, et la plaça dans celle du cadavre. La populace se mit à rire et à plaisanter !.... Je l'ai vu.

----

(1) D'autres que moi ont entendu cette conversation. Je ne
rapporte pas seulement ce que j'ai vu, mais ce que je pourrais
prouver.

CHAPITRE X.

Fin des troubles.

HEUREUSEMENT, la nuit horrible que l'on venait de passer ne troubla pas le sommeil paisible de M. le préfet, ni celui de M. le commissaire-général de police ; ils dormirent tous les deux jusqu'au lendemain, et n'apprirent que dans la matinée que dix-sept victimes avaient été égorgées dans la nuit ; je les en félicite encore ; mais, grâce au tumulte, à la générale, aux cris et aux coups de fusil, je doute que qui que ce soit dans la ville ait reposé aussi tranquillement que ces deux magistrats chargés de veiller au repos des autres (1).

Le général Lagarde ne dormit pas. Dès le premier bruit qu'il avait entendu, s'habiller, sortir, visiter les postes, donner des ordres, avait été pour lui l'affaire d'un moment. Non content d'organiser des patrouilles de chasseurs, il parcourut lui-même avec deux officiers les lieux que l'on indiquait comme les plus dangereux, et ne cessa d'imposer aux mutins

---

(1) Il est juste de dire que le premier avait continuellement manifesté des dispositions tendantes à réprimer le désordre ; mais il ne put rien. Pourquoi ne l'éveillait-on pas cette nuit ? Au reste, tous les deux ont été destitués depuis ; j'ignore par quel motif.

par sa contenance ferme et sévère, et par sa noble manière de servir le Roi, si préférable à celle de ces messieurs. Ce qu'il y a de singulier, c'est que dans cette nuit où l'on criait *vive le Roi* en pillant, ce fut à ce même cri de *vive le Roi* qu'on arrêta les pillards et qu'on les mit en prison. Plusieurs militaires se comportèrent avec courage. Je dois, en passant, un éloge au chef d'escadron *Liébaber* qui fondit sur une horde de bandits, et qui fut sauvé par un miracle étonnant ; deux fusils appuyés sur sa poitrine ratèrent tous les deux à-la-fois. Cet officier si zélé pour le maintien de l'ordre, fut, peu de jours après, mis à la demi-solde (1).

Des hommes que l'on arrêta dans cette nuit, aucun ne fut puni. Il n'y avait contre eux aucune charge. Le célèbre *Trestaillon* lui-même, ce monstre dont les forfaits ont épouvanté tout le midi, arrêté par le général Lagarde, chargé de fers, conduit à Montpellier et ensuite à Lyon, revint bientôt à Nîmes, où il vit aujourd'hui tranquille, n'ayant pas plus de crainte que de remords ; son retour dans cette ville fut presque un triomphe ; le peuple alla au-devant de lui en répétant cette chanson que j'ai entendue cent fois au milieu du désordre :

> N'épargnons personne,
> Trestaillon l'ordonne, etc.

Mais un sort plus affreux attendait le général Lagarde. Faire punir les meurtriers était un crime que certaine classe d'hommes ne pouvait aisément lui pardonner ; on sait quelle fut sa récompense : il fut assassiné dans la suite en voulant encore faire respecter la tranquillité publique et protéger le culte protestant.

---

(1) Non par ordre du gouvernement, mais par disposition des autorités locales.

Les événemens qui suivirent sont assez connus et n'ont pas besoin de commentaires. Dans les cent jours, deux volontaires royaux avaient été tués par quelques villageois d'Arpaillargues ; ceux-ci furent traduits devant les assises, et par un hasard bien malheureux, les protestans se sont trouvés plus coupables que les catholiques(1). Je citerai ici un mot d'un avocat de Nîmes qui, mêlé parmi les spectateurs, ne cessait de répéter en parlant de l'un d'eux : Celui-là paraît assez coupable ; mais il faut le sauver, il est catholique. L'homme qui parlait ainsi se reconnaîtra dans ma brochure ; qu'il sache que je me suis fait violence pour ne pas le nommer, et que je suis prêt, s'il murmure, à le signaler à la France entière comme le conseiller des fanatiques assassins qui ont désolé cette ville (2).

Le Roi, éclairé enfin sur les malheurs dont gémissaient tous les citoyens paisibles, rendit une ordonnance par laquelle on devait diriger sur Nîmes les troupes qui se trouvaient à Montpellier. Elles y furent envoyées à la charge des habitans, mesure sage par laquelle le gouvernement se flattait de trouver l'assassin du général Lagarde. Cette disposition devint illusoire par le soin que l'on prit de ne faire contribuer que les propriétaires protestans et ceux des catholiques qui désiraient le plus le rétablissement de l'ordre. On m'objectera ici que tout le monde contribua. Je répondrai que si chacun l'avait fait proportionnellement à quelques personnes que je connais, l'on aurait eu de l'argent pour payer dix fois les troupes. Quant à l'assassin que l'on poursui-

(1) Par hasard seulement, je m'explique. Le Roi a, depuis, commué la peine de plusieurs.
(2) On jouait un jour, à Nîmes, le *Traité nul*. Beaucoup de traités devraient être nuls, dit quelqu'un. *Oui*, répondit cet avocat, *et entr'autres l'ordonnance du 5 septembre*. S'il a oublié le premier fait, il se souviendra du second.

vait, le jury, comme on sait, l'a acquitté à l'una-
nimité. Je n'attaque point le jugement ; mais si
j'étais général, je ne voudrais pas commander à
Nîmes dans des momens de trouble.

Le gouvernement une fois éclairé ne perdit point
de temps pour remédier au mal, et pour ajouter aux
mesures qu'il avait déjà prises les dispositions favo-
rables qui ont enfin rendu à cette ville le repos dont
elle avait été privée si long temps. Pourquoi faut-il
qu'il ait acquis si tard la connaissance de tous ces
événemens ! Que de malheureux vivraient encore !
que de propriétés seraient intactes ! Chaque vol, chaque meurtre auraient été punis, et il n'y a eu jusqu'à
présent de frappés que ceux qui commirent des crimes dans l'interrègne (1). Je m'arrête ; on croirait
que je demande du sang, et je ne veux celui de personne; que les bourreaux vivent, mais que leurs forfaits soient finis ! -

J'ai parlé des troubles de Marseille et de Nîmes ;
je vais dire un mot à présent sur l'état actuel de ces
deux villes ; il ne me paraît pas inutile d'y jeter un
coup d'œil. Marseille n'ajouta pas d'autres jours de
carnage à ces deux horribles jours dont j'avais été le
témoin ; la tranquillité fut parfaitement rétablie, et
les proscrits purent rentrer successivement dans
leurs foyers.

Il n'en fut pas ainsi de Nîmes. Les protestans
que l'on a refusé et que l'on refuse d'admettre
dans la garde nationale, ont recouvré quelques-uns
de leurs droits, mais ils ne sont point encore consi-
dérés comme les autres citoyens. L'on craint de confier des armes à des pères de famille riches, honnêtes, et qui, si on recommençait les atroces vexations dont j'ai parlé, seraient encore réduits à se lais-

_____

(1) Il y a des exceptions, mais elles sont très-rares.

ser tuer ou dépouiller comme on l'a déjà fait avec tant de barbarie. Les nouvelles autorités, dignes de la plus grande confiance, s'occupent sans relâche à faire oublier le passé et à fermer des cicatrices encore bien douloureuses. Les opprimés se consolent de leurs maux par la certitude qu'ils ne recommenceront plus, et se rallient avec franchise et sécurité autour d'un Roi à qui ils doivent la fin de tant de malheurs.

Mais il reste une classe d'hommes, je le dis avec sincérité, qui, ennemis continuels de tout ce qui n'est pas intolérance, espèrent encore que cette tranquillité ne sera pas durable, et forment des vœux pour la voir cesser. C'est eux seuls qu'il faut surveiller ; c'est à eux, qui nourrissent en secret les plus absurdes espérances, et qui osent, dans leur perfide joie, compter sur les plus augustes approbations, qu'il faut rappeler et répéter sans cesse ces paroles d'un prince chéri aux habitans de Bourbon-Vendée : « *Le Roi veut l'oubli du passé; il est temps que toutes les dénominations de parti disparaissent. Je suis bien aise de vous dire qu'on s'est servi du nom des princes pour faire croire à des divisions qui n'existent pas. Tous les princes de la famille royale n'ont d'autre opinion et d'autre volonté que celle du Roi ; ils ne font qu'un avec lui* (1).

CONCLUSION.

J'ai dit la vérité, et le récit que j'ai fait des événemens qui se sont passés sous mes yeux est, j'ose le dire, dépouillé de toute inimitié personnelle. Je me suis permis peu de réflexions, et l'humanité seule

(1) Paroles de S. A. R. le duc d'Angoulême, lors de son dernier voyage dans les départemens de l'Ouest. *Voy.* le *Moniteur* du 15 novembre 1817.

me les a dictées. Je crois, en retraçant les malheurs de mes compatriotes, les avoir recommandés à la sagesse et à la bienveillance d'un gouvernement qui semble avoir pris pour devise : *protéger et pardonner.* Il me reste un mot à dire, et il sera court, car il s'agit de moi.

J'avais d'abord gardé l'anonyme ; on a cru devoir m'inviter à me nommer, pour donner plus de poids à mes assertions ; j'ai suivi ce conseil et ne m'en repends pas ; la responsabilité n'a rien qui puisse m'effrayer. Eh ! qu'aurais-je pu craindre, en n'avançant que des faits connus faciles à prouver, et qui ont eu pour témoins les habitans de toute une ville ? Qu'aurais-je craint en publiant ces faits sous la protection d'un ministre auquel ils rappelleront sans cesse le souvenir des sages mesures qu'il a su prendre pour les faire cesser, mesures qui lui ont assuré pour jamais l'admiration et la reconnaissance publiques ?

FIN.

IMPRIMERIE DE P. GUEFFIER.

www.ingramcontent.com/pod-product-compliance
Lightning Source LLC
LaVergne TN
LVHW022015080426
835513LV00009B/744